Juan Carlos Jiménez

Amplía tus oportunidades

Paradigmas
de la motivación personal

Una edición de Cograf Comunicaciones
Caracas, Venezuela - Junio 2010

Amplía tus oportunidades
Paradigmas de la motivación personal
Primera Edición: Junio 2010

Copyright ® Juan Carlos Jiménez
Todos los derechos reservados

ISBN: 978-980-12-4384-7
Depósito Legal: lf25220103311802

Ediciones de Cograf Comunicaciones
www.libroscograf.com

C O G R A F

Av. Francisco de Miranda con Av. Principal de Los Ruices,
Centro Empresarial Miranda, Piso 1, Ofic 1K. Los Ruices.
Caracas 1070, Venezuela. Telfs./Fax: (+58 +212) 237-9702
Rif: J-30336261-3
E-mail: contactocograf@cograf.com
www.cograf.com

EN DÍAS TAN CONVULSOS *como los que vivimos ¿cómo podemos tener éxito en el propósito de motivar a otros o, incluso, motivarnos a nosotros mismos?*

Éstas son algunas interrogantes sobre las cuales Juan Carlos Jiménez nos invita a reflexionar en su libro, llevándonos de la mano para identificar asuntos clave sobre este importante tema que la mayoría de las veces pasamos por alto por mantener el foco sólo en nosotros mismos.

Por ejemplo, **Amplía tus oportunidades** *nos plantea algo vital: "una misma realidad puede producir motivación o desmotivación. Todo depende de cómo influyen tus paradigmas a la hora de analizar esa realidad, o qué ángulo de observación tengas en ese momento. Tu motivación depende del punto de vista que uses para analizar las situaciones que debes enfrentar".*

Se trata de un aprendizaje tan simple y al mismo tiempo tan obviado. ¿Cómo puedes entender otros puntos de vista si no eres capaz de aceptar que pueden existir? ¿Se puede ejercitar esta forma de visualizar la "realidad"? ¿Podemos superar dificultades si cambiamos "el ángulo de observación"? ¿Se puede enseñar esto a otras personas?

La respuesta es SÍ y la clave está en el amor. En el amor a nosotros mismos (autoestima), en el amor hacia los nuestros, y en el amor a todos los que integramos la sociedad. De alguna manera, un líder es líder en la medida que ama.

El estilo directo, ameno y cotidiano, convierte este pequeño tesoro lleno de anécdotas y metáforas en una guía de gran utilidad para cualquiera que necesite motivarse o motivar a otros.

Sobre Juan Carlos les puedo decir que tengo el honor de ser su amigo desde hace un buen tiempo. A su lado he podido crecer como persona, gracias a su continua vocación docente, su orientación hacia los valores y su gran compromiso social. Si ya lo conocías, sabes a qué me refiero; y si es tu primer acercamiento a él, te felicito, porque te has encontrado con un maestro.

Estoy seguro que disfrutarás y sacarás gran provecho a esta lectura, para tu vida diaria, tanto personal como profesional, en el mundo laboral, familiar o en tu comunidad.

José Manuel Rodríguez Grillé
Director General de Empléate.com
Junio 2010

Contenido

Contenido

Paradigmas de la motivación personal

Que los paradigmas afecten la motivación personal podría parecer algo obvio, pero no lo es para mucha gente. La palabra "paradigma" no es común en nuestro vocabulario. Inclusive, muchas personas que la conocen y utilizan no tienen claridad sobre sus *efectos.*

Cuando en mis conferencias pregunto qué son los paradigmas, la mayoría de los participantes me ofrecen respuestas que dejan entrever que se trata de algo que hay que "romper". Es decir, la percepción dominante sobre este concepto es negativa.

Esto no sólo revela cierta distorsión de su significado. También indica que se conoce poco la utilidad práctica que tiene comprender en qué consisten los paradigmas, cómo funcionan y cómo influyen en tus razonamientos y emociones.

Las empresas quieren que sus empleados tengan buena *actitud* hacia los clientes, hacia el trabajo que realizan y hacia la empresa misma. Pero la actitud es una consecuencia de la motivación y ésta, a su vez, está condicionada por los paradigmas de cada trabajador.

Los líderes y supervisores también quieren que los miembros de sus comunidades u organizaciones estén motivados y se mantengan así en el tiempo. Pero cuando los mecanismos y estímulos que utilizan no logran motivar, casi siempre es porque se basan en paradigmas inadecuados.

Los padres también están muy interesados en motivar a sus hijos; y lo mismo les ocurre a los buenos maestros con sus estudiantes o a los entrenadores deportivos.

Sin embargo, no siempre se dan cuenta de que para tener éxito con el propósito de motivar a la gente deben **focalizarse hacia** los paradigmas de quienes buscan entusiasmar.

Tener más conocimiento sobre el funcionamiento de los paradigmas es un asunto de especial interés para ti. Ese conocimiento te puede brindar el poder de anticipar el futuro. Sí, la habilidad de predecir lo que puede pasar cuando decides tomar una u otra acción.

Si quieres tener más efectividad proporcionando motivación a tu organización, a tu comunidad, a tu familia, o a ti mismo, es indispensable que (entre otras cosas) tomes en cuenta cómo te afectan tus propios paradigmas y los de las personas en cuyos estados de ánimo quieres influir.

Sobre esos efectos vas a leer en las siguientes páginas. Espero que te sea útil.

Si quieres intercambiar conmigo tus impresiones sobre esta publicación, por favor, escríbeme a jucar@cograf.com

Juan Carlos Jiménez
Junio 2010

2 Comprender el fenómeno de los paradigmas

Al aprender cómo es la dinámica de los paradigmas puedes obtener importantes beneficios prácticos inmediatos, para tu vida personal y profesional:

1. Puedes *ampliar* sustancialmente tu creatividad y ser más innovador en cualquier actividad y situación.

2. Puedes *anticipar* el futuro y así expandir tu capacidad para responder a cambios o dificultades.

3. Puedes *encontrar* más y mejores soluciones a cualquier reto que debas encarar, cualquiera que sea su complejidad.

4. Puedes *aumentar* tu sensibilidad para poder detectar oportunidades donde los demás no las ven.

5. Puedes *mejorar* todas tus comunicaciones personales y el proceso de venta de tus ideas o proyectos.

¿Qué te parecen estas ventajas?

En otras palabras, al comprender el fenómeno de los paradigmas terminas por ampliar tu perspectiva frente a la vida y el mundo que te rodea. Lo que a su vez potencia tu inteligencia y tus posibilidades.

Así mismo, al obtener todos estos beneficios, tu estado de ánimo y motivación se nutre, se eleva y se desarrolla de manera más duradera en el tiempo, porque se apoya en tu propia conciencia de todo lo que realmente eres capaz.

Por esta razón, también se puede decir que entender el funcionamiento de los paradigmas que están a tu alrededor te proporciona una fuente sustentable de automotivación.

Cuando logras tener una idea clara de cómo tus paradigmas afectan tus apreciaciones y estados de voluntad, inmediatamente comienzas a ver las cosas de otra manera. Lo que en un momento determinado te parecía difícil, pesado, fastidioso o imposible, comienzas a verlo fácil, ligero, interesante y viable.

La amplitud de la perspectiva que proporciona la comprensión de los paradigmas lo expresa de manera muy inspiradora el escritor francés Marcel Proust cuando dice: "El verdadero acto de descubrimiento no consiste en hallar nuevas tierras, sino en mirar con nuevos ojos" (http://bit.ly/9OqOYx).

> **" *Las oportunidades son como los amaneceres: si uno espera demasiado se los pierde.* "**
>
> William George Ward
> http://bit.ly/cY7r4k

Una importante referencia histórica

La palabra "paradigma" tiene su origen en la Grecia antigua y significaba "ejemplo", "patrón" o "modelo".
Sin embargo, el término comenzó a popularizarse en la sociedad contemporánea en la década de los 60, gracias al libro del científico y filósofo Thomas Kuhn, "La estructura de las revoluciones científicas" (http://bit.ly/9lzD6U).

Ese libro impactó profundamente a la comunidad científica de la época, porque Kuhn demostró que el avance de la ciencia y la tecnología dependía principalmente de los paradigmas de los investigadores o inventores al abordar los dilemas que buscaban resolver.

Puesto en otros términos, Kuhn demostró que la investigación científica **no es universalmente objetiva**. Sino que los resultados del trabajo de cada investigador, cualquiera que fuera su discipina, son producto de su formación académica, de las premisas conceptuales que tiene de base y de todas sus convicciones formadas a lo largo de su vida.

Esta visión sobre el efecto de los paradigmas es lo que permite explicar cómo ocurrieron cambios tan importantes en la ciencia y la tecnología durante el siglo XX y lo que va de siglo XXI.

Los cambios de paradigmas han sido cambios de reglas fundamentales; cambios de modelos y teorías; cambios radicales en la manera de hacer las cosas, y han sido, especialmente, cambios que sorprendieron a la inmensa mayoría porque no eran obvios.

Un claro ejemplo de los grandes cambios de paradigmas es el de Albert Einstein, quien llegó a ideas sobre la física completamente diferentes a las que habían prevalecido durante siglos y que parecían imposibles cambiar: Einstein se enfrentó a viejos retos científicos "con nuevos ojos" (como diría Proust).

Los conceptos fundamentales relacionados con paradigmas y cambios de paradigmas se han convertido en una *referencia metodológica* muy importante en todas las áreas del saber.

Estos conceptos son utilizados para explicar las condiciones que facilitan o dificultan cambios de todo tipo, y son una guía muy poderosa que te permite aprender a anticipar el futuro.

Quizás no llegues a obtener datos exactos y medibles sobre el futuro en un momento dado, pero cuando comprendes cómo son los paradigmas de lo que quieres mejorar o cambiar, puedes actuar con mayor certeza para lograr tus objetivos. En ese proceso descubres información que te permite predecir probables resultados. En consecuencia, también puedes prepararte para lo que va a suceder.

Dicho de otra forma, si quieres encontrar fuentes más sustentables de motivación para ti o para un grupo, es muy importante que comprendas bien cuáles son los *paradigmas de la desmotivación* que quieres cambiar, cómo se originan y cómo funcionan.

4 ¿Es posible predecir el futuro?

¿Quiéres saber qué va a pasar? ¿Puedes hacerlo?
¿Es algo que está a tu alcance?

Responder estas preguntas es la razón principal por la
cual vale la pena dedicar tiempo a comprender cómo
funcionan los paradigmas y cómo puedes usarlos.

Anticipar el futuro es una habilidad que las personas y
organizaciones valoramos de manera especial, porque
es una *gran ventaja* a la hora de hacer planes de trabajo
y tomar decisiones. Paradójicamente, ésta parece ser
una destreza poco común.

Muchas personas tienden a sentir muchos prejuicios
sobre el futuro, porque lo consideran absolutamente
incierto, inseguro, desconocido... Piensan que sólo trae
sorpresas y que no se puede predecir.

Sin embargo, tú *ya anticipas el futuro* en muchos
momentos de tu vida cotidiana. Por eso es tan común
hoy en día expresiones como "No necesitas ser un
adivino para saber que si haces eso no vas a obtener lo
que esperas".

Por ejemplo, en el área de la comunicación interpersonal, tú sabes muy bien que si pides las cosas con un "por favor" por delante y de buena manera, tienes muchas más probabilidades de obtenerlas.

¿Cómo es posible que esto lo puedas saber por adelantado?

Igual sabes que cuando alguien te habla mientras tú te quedas leyendo los mensajes de tu teléfono celular, es muy probable que esa persona se sienta ignorada e irrespetada.

Es decir, predecir el futuro no es un acto de magia ni requiere de habilidades sobrenaturales; es algo que ya realizas y forma parte de tu día a día.

5 ¿Cuándo predices el futuro particularmente bien?

1. Cuando te ocupas conscientemente de pensar en tu futuro como algo que te importa y que es fundamental en tu vida.

2. Cuando estás consciente de que no eres víctima del futuro, sino que tu futuro es producto de tus decisiones y acciones.

3. Cuando usas apropiadamente las referencias que tienes del pasado y el presente en función de tus metas. (Esta parte puede ser la más difícil, porque requiere mucha flexibilidad en la forma de pensar).

Por ejemplo, hablando de paradigmas de motivación, mucha gente se concentra en "motivadores externos", idea que ha sido asociada en todo el mundo a la metáfora visual de una zanahoria perseguida por un conejo.

Este paradigma lleva a los líderes y a las organizaciones a invertir la mayor parte de sus esfuerzos en encontrar la zanahoria más apropiada para estimular a sus equipos.

¿Y cuáles son las zanahorias más típicas en las empresas? Sí, por supuesto, la compensación económica y los diversos tipos de beneficios laborales.

No hay dudas de que son motivadores externos importantes. Tienen valor y en muchos casos son pertinentes. Pero tienen también un "pequeño" defecto: Son finitos y están rodeados de limitaciones de diversa índole. Por lo tanto, puedes predecir que su efecto también es de corto alcance y se desgasta muy rápido en el tiempo.

No obstante, existen motivadores externos que estimulan el mecanismo de inspiración personal más poderoso: *la automotivación.*

Un claro ejemplo es el estilo de supervisión o de compañerismo laboral que pone especial énfasis en el reconocimiento de las buenas prácticas y los aportes de los miembros del equipo ¿A quién no le gusta recibir en su lugar de trabajo reconocimiento y aprecio por lo que hace?

Mucho más que una palmada en el hombro, cuando el reconocimiento es proporcional, oportuno, preciso y constante, el beneficiario del reconocimiento identifica mejor su potencial, se focaliza más en esa capacidad y termina usándola con más frecuencia.

Por otro lado, y esto puede ser muy irónico, casi todo el mundo sabe que el reconocimiento positivo del esfuerzo de la gente es un súpermotivador externo, pero muy pocas personas lo ponen en práctica.

La mayoría de los trabajadores casi nunca reciben elogios públicos a su desempeño por parte de sus supervisores, quienes en algún momento también fueron empleados y vivieron lo mismo.

La importancia de pensar en el fututo

6

Hay suficientes evidencias de que las personas que realizan sus objetivos personales y profesionales son aquellas que se ocupan de pensar en su futuro de manera sistematizada.

Las personas que logran lo que se proponen como metas de vida tienen en común que no se sienten "prisioneras" del destino, de las circunstancias ni de las condiciones que las rodean. Ellas saben que todo eso es muy importante, pero no *lo más* importante.

Las personas exitosas no dedican demasiado tiempo en lamentaciones sobre hechos pasados, porque saben que no pueden cambiarlos.

También saben que el presente es de gran valor y debe aprovecharse al máximo. Están conscientes de que el presente pasa muy rápido.

Las personas exitosas tienen adicionalmente una sensación muy interesante de su futuro: Saben que es ineludible y por eso vale la pena ocuparse de él para *anticiparlo y construirlo.*

Como viste antes, tú sabes que muchas veces no necesitas hacer un gran esfuerzo para anticipar el futuro. Pero hay ocasiones en que es crucial para tus decisiones y tus objetivos. Precisamente ese es el caso cuando piensas en:

- La carrera profesional que quieres estudiar o desarrollar.

- A cuál universidad te gustaría ir.

- Qué trabajo te gustaría tener.

- En cuál empresa te gustaría trabajar.

- Comprar una vivienda o un automóvil.

- Los viajes de vacaciones que quisieras hacer.

- La pareja con la que quieres compartir tu vida.

- Los hijos que quisieras tener.

- La calidad de vida que tendrás cuando llegues a la tercera edad.

¿Qué tienen en común estos pensamientos sobre el futuro?

Sí, claro, parecen sueños. Significa que para anticipar el futuro es indispensable que sueñes con él.

Sin duda, esto no es suficiente. Debes actuar. Pero **cultivar** este tipo de sueños es una forma muy poderosa de establecer objetivos en el largo plazo.

Visto desde otra perspectiva: Tú puedes ser muy bueno en la práctica de una actividad, pero si no tienes sueños a futuro, que te inspiren y guíen tu actuación, es muy probable que termines divagando y desmotivado.

Seguro que ya te diste cuenta: Los sueños "activos", como los que he mencionado, le dan una forma y una imagen a tu futuro, y así se hacen tangibles para tu mente. Esa imagen ideal y única de tu futuro es lo que a su vez detona con más fuerza tu automotivación.

Son sueños "activos", precisamente, porque son los recursos que te *impulsan* a crear tu futuro actuando en el presente. No sólo los contemplas, sino que te ocupas de alcanzarlos.

Esos sueños son las fuentes de motivación más importante para ti, porque están totalmente a tu alcance. Dependen únicamente de ti. Son tu propia zanahoria, tu zanahoria interior. Son tu patrimonio. Son tu potestad. Están bajo tu completo dominio y control.

> **"*No hay ningún viento favorable para el que no sabe a que puerto se dirige.*"**
>
> Arthur Schopenhauer
> http://bit.ly/dmcvj5

Otras ventajas prácticas de anticipar el futuro

7

Las ventajas tampoco parecen ser evidentes. Si así fuera, existirían más personas, líderes y organizaciones dedicando más tiempo y esfuerzo para anticipar su futuro en sus respectivas áreas de actuación.

Para explicar esta idea, por favor, piensa en un río que debes cruzar, cuya corriente de agua es muy tranquila, es cristalino, tiene orillas arenosas y es poco profundo.

Seguro que en tu mente se forma la imagen de que cruzarlo es una tarea sencilla y poco desafiante. Ese río lo podrías atravesar simplemente caminando, nadando, o con un bote pequeño.

Frente a situaciones como éstas, en la vida privada o en el trabajo, no necesitas esmerarte demasiado para anticipar el futuro porque toda la información que necesitas para lograr tu meta está frente a ti, sin confusión.

Ahora piensa que el río que debes cruzar es muy turbulento. Está repleto de grandes piedras y remolinos. Ni siquiera puedes ver su profundidad. Sus orillas son rocosas y muy irregulares.

Mientras planeas cómo lograr la meta, ¿cuánto darías por saber dónde están los remolinos y las piedras más peligrosas bajo el agua?

Efectivamente, si puedes pronosticar las dificultades más importantes tendrás más chances de lograr atravesar el río de manera más fácil, rápida y segura.

Anticiparte a los obstáculos y los retos tiene la gran ventaja de proveerte con más probabilidades de éxito.

La información previa sobre futuros conflictos siempre te ayudará a evaluar mejor tus opciones, el alcance de tus fortalezas y el peso de tus debilidades. Con este análisis te puedes organizar mejor para cruzar el río.

Pero, la calidad de tu análisis también depende de tus habilidades para explorar estratégicamente los paradigmas involucrados en cada situación.

Si te dejas dominar por los paradigmas de las dificultades es muy probable que con sólo mirarlo ni siquiera te motives a cruzar ese río. Hasta podrías llegar a la conclusión de que, en ciertas condiciones, es imposible atravesarlo y no tiene sentido proponérselo. Este razonamiento, a su vez, te desmotivaría a pensar en cualquier posibilidad.

Pero si pones más énfasis en los paradigmas de tus oportunidades, tu visión de las dificultades cambia, como por arte de magia.

Esto no quiere decir que las dificultades desaparecen, sino que las empiezas a ver "con nuevos ojos" (como diría Proust) que te permiten identificar oportunidades diferentes: Una gran ventaja para facilitarte tomar decisiones.

Mark Twain, popular escritor y humorista norteamericano, plantea la misma reflexión pero de esta manera: "No puedes depender de tus ojos cuando tu imaginación está fuera de foco" (http://bit.ly/d5Le23).

8 | La motivación versus la realidad relativa

Esta contradicción no existe para las personas que comprenden los efectos de los paradigmas. Ellos saben que lo que más influye en su motivación personal no es "la realidad", sino la percepción e interpretación que tienen de la realidad.

Uno de los aportes más relevantes de Albert Einstein es su famosa Teoría de la Relatividad, en la que propone que las medidas de tiempo y espacio son relativas, no son absolutas, ya que dependen del estado de movimiento del observador.

También encontrarás esta noción en la sabiduría popular a través de refranes como "Todo es según el color del cristal con que se mira".

Por su parte, Winston Churchill definía la relatividad como un asunto de óptica: "Un optimista *ve* una oportunidad en toda calamidad. Un pesimista *ve* una calamidad en toda oportunidad" (http://bit.ly/2nOegk).

Todo esto quiere decir, como conclusión, que una misma realidad puede producir motivación o desmotivación. Todo depende de cómo influyen tus paradigmas a la hora de analizar esa realidad, o qué ángulo de observación tengas en ese momento. Tu motivación depende del punto de vista que uses para analizar las situaciones que debes enfrentar.

Entonces, ¿qué es más importante para tu motivación: la zanahoria o el lente?... ¿O será que tu zanahoria interior determina tu lente para ver las cosas?

Quizás puedas encontrar respuestas en la siguiente historia sobre dos vendedores de zapatos:

Ellos tenían vidas más o menos paralelas. Pero no lo sabían. Ni siquiera se conocían. Cada uno trabajaba en una fábrica de zapatos diferente.

Sin embargo, por coincidencia, el jefe de cada fábrica le había asignado a su respectivo vendedor la misión de explorar las *oportunidades de negocio* en un remoto desierto.

–Al final de la primera semana de trabajo, quiero que me llames por teléfono para que me des un reporte sobre las posibilidades de ese nuevo mercado y el potencial de clientes que tenemos– le dijo cada jefe a su vendedor.

Transcurrida la semana, el reporte de uno de los vendedores fue el siguiente:

–Jefe, le tengo muy **malas noticias...** Creo que hicimos una mala inversión al venir a este lugar. Este mercado **no tiene** potencial. Aquí no vamos a poder vender nada. Va a ser **muy difícil** obtener clientes en este desierto, porque **aquí la gente no usa zapatos.**

Al mismo tiempo, el otro vendedor daba su reporte:

–Jefe, le tengo muy **buenas noticias...** Creo que hicimos una **excelente inversión** al venir a este lugar. Este mercado tiene mucho potencial. Aquí nos esperan muy buenos negocios. Va a ser **muy fácil** obtener clientes en este desierto, porque **aquí la gente aún no usa zapatos.**

Lo que ocurre con estos vendedores es un buen ejemplo de la forma en que los paradigmas influyen en la percepción e interpretación de la misma información.

Frente a la misma realidad y a los mismos datos, tú puedes hacer una lectura de la situación con una óptica y yo puedo tener una interpretación completamente contraria.

Ocurre todo el tiempo, en diferentes momentos. En la vida privada y en el trabajo. Les ocurre a personas de diferentes niveles de formación y grados de educación. Nadie es inmune a la influencia de sus propios paradigmas. Siempre tus ojos verán mejor lo que tu corazón quiere ver.

9 | La historia del tonto del pueblo

Se trata de una referencia muy práctica de cómo utilizar la ventaja de anticipar el futuro, cuando se comprenden los paradigmas dominantes en una situación determinada.

El tonto en cuestión vivía en un pequeño pueblo, en donde tenían la costumbre de divertirse con su ingenuidad.

Era alguien muy humilde y, aparentemente, con poca inteligencia. Vivía de hacer pequeñas encomiendas y favores a sus vecinos, de quienes recibía caridad.

Usualmente, algunos de los hombres del pueblo llamaban al tonto a la plaza y le pedían que escogiera entre dos monedas: Una, más grande, de 500 pesos. La otra, más pequeña, de 1000 pesos.

El tonto del pueblo siempre agarraba la más grande y menos valiosa, lo que era motivo de risas y disfrute para todos los presentes.

Un día, alguien que observaba al grupo divertirse con aquel pobre inocente, lo llamó aparte y le preguntó:

– ¿Todavía no te has dado cuenta de que la moneda más grande tiene menos valor?

A lo que el tonto del pueblo respondió con calma:

– Sí, señor, yo sé. No soy tan tonto... Sé que la moneda más grande vale la mitad... **Pero el día que agarre la otra**, la que vale más, el jueguito se acaba. Y ese día dejo de ganarme ese dinerito.

Esta brevísima historia podría concluir aquí. Sin embargo, "hechos los tontos", podemos hacer varias reflexiones:

Primera: Quien parece tonto no siempre lo es.

Segunda: ¿Quiénes son los verdaderos tontos en esta historia?

Tercera: Una ambición desmedida puede terminar con una buena fuente de ingresos.

Cuarta: Podemos sentirnos bien, aun cuando los otros no tengan una buena opinión sobre nosotros. Por lo tanto, lo que más te debe importar no es lo que piensan los demás de ti, sino lo que tú piensas de ti.

Quinta: Las personas más motivadas suelen tener mucha claridad en sus metas y prioridades.

Moraleja:

Puede ser mucho más inteligente un hombre que aparenta ser tonto delante de un tonto que aparenta ser inteligente.

Una historia sobre el origen de la motivación

Manuel era un estudiante extranjero, que se había enamorado del país que le abrió sus puertas. Una vez graduado, encontró trabajo en una empresa grande y estable.

En aquel tiempo, Manuel decía: "El salario era bajo, pero estaba aprendiendo mucho y disfrutaba lo que hacía. Me sentía motivado por eso. Cada día ponía mucha *energía* en mi trabajo. Sabía que mis habilidades crecían y mi fuerza intelectual también."

"Cuando comencé a trabajar, no tenía mucho tiempo para socializar. Pero después de un tiempo, la gente a mi alrededor me ofreció su amistad. Para ellos yo trabajaba 'muy duro' en comparación con lo que ganaba."

"Mis compañeros de trabajo siempre me decían: 'Lo que ganas no es justo por todo lo que haces'. Pero yo me sentía bien. Podía cubrir mis necesidades básicas y estaba aprovechando la *oportunidad* que me habían dado en aquella empresa. Ganaba mucho más en experiencia y preparación. Eso era clave para mi futuro y me motivaba."

"Sin embargo, no recuerdo bien cuándo comencé a sentir que el **compromiso** con mi trabajo era insensato. Y en algún momento empecé a enfocarme más en lo que estaba mal que en lo que estaba bien", recuerda Manuel.

"Junto con mi motivación, la calidad de mi trabajo disminuyó. Poco a poco, la energía de mi desempeño también se hizo menor. Cada vez me preguntaba con más frecuencia: ¿Por qué darle tanto a esta empresa que me pagaba tan poco?"

"Un día llegaron dos nuevos empleados para un proyecto en el que yo quería estar –continuó recordando Manuel, con nostalgia– y eso me hizo sentir muy mal. Mi supervisor me dijo que me habría incluído en el proyecto de no haber **perdido la motivación** que una vez tuve en el trabajo. Sin percatarme, la había abandonado toda y mi aptitud había dejado de ser divertida."

"Eso fue hace 2 años. Y no hace mucho me di cuenta que había perdido el trabajo que me daba crecimiento, una entrada y un camino para mi carrera profesional. Ahora se que **me despedí yo mismo** el día que detuve la motivación y el compromiso conmigo."

"Tenía algo bueno y lo perdí cuando comencé a enfocar mi energía y creatividad en la parte medio vacía del vaso en vez de la parte medio llena."

Moraleja:

Si sientes que no recibes un pago justo, busca algo mejor. Mientras tanto mantén el compromiso contigo.

11 | No se trata de optimismo forzado

¿Qué va primero: la actitud optimista o la comprensión de los paradigmas a tu alrededor que influyen en tu estado de ánimo?

El optimismo es una de las expresiones positivas de la motivación. Eres optimista cuando conoces, crees y sientes los motivos para serlo. Tu *energía interior*, emocional e intelectual, florece en forma de optimismo.

¿Pero, dónde están los motivos para ser optimista? ¿Son evidentes? ¿Dónde comienzan? ¿Por qué los motivos de optimismo de otras personas no tienen el mismo efecto motivador en tí? ¿Por qué lo que te motivaba hace un año ya no te motiva tanto hoy?

No pretendo simplificar las respuestas a estas complejas preguntas. Pero de algo puedes estar seguro:
El optimismo, en muchos casos y al igual que la motivación, también es una *consecuencia* de tus decisiones.

Esta afirmación se puede respaldar con la famosa metáfora del *vaso medio lleno o medio vacío.*

Cuando decides concentrarte en analizar las razones por las cuales tu vaso está medio vacío, y no tienes lo que te gustaría o lo que deberías tener, tu análisis y las emociones que te produce parten de los principios de la escasez: Las limitaciones, las insuficiencias, la precariedad, lo disminuido, lo poco, lo reducido, lo que falta y lo que no hay.

En la evaluación de tus *oportunidades* frente a ese vaso, consciente o inconscientemente, terminas poniendo más énfasis en las debilidades que ocasionan la escasez y aterrizas en el terreno donde abundan los razonamientos desmotivantes.

Pero, cuando examinas el vaso a partir de la parte medio llena, tus paradigmas sobre las oportunidades cambian y tu percepción de la realidad se nutre de la perspectiva desde donde se origina la fertilidad y la abundancia.

No sólo te das cuenta de que no estás en cero con el vaso, sino que frente a ti tienes mucho más. Lo cual incluso te permite un *discernimiento* distinto acerca de la parte medio vacía. Te lleva a concentrar tu energía creativa en lo que ya tienes: El área que te proporciona más motivos para ser optimista.

Si las personas a tu alrededor te consideran optimista es porque has desarrollado la tendencia de buscar, encontrar, analizar y actuar desde la parte medio llena de todos los vasos que encuentras en tu camino. Y has convertido esta visión en un hábito.
Tu conducta y pensamiento predominante se vuelve optimista.

Si el vaso estuviera completamente vacío, te dirías con comodidad: "Por lo menos ya tengo el vaso". Y si ni siquiera tuvieras el vaso, eso no te estresaría. Sabes que los vasos existen y sólo debes buscar uno.

Exactamente: El optimismo no es un interruptor o un botón que se activa con un dedo. *El optimismo es el resultado de una forma de ver y pensar.*

Al igual que soñar activamente con el futuro, **decidir** enfocarte en la parte medio llena del vaso está bajo tu completo dominio y control. Esto no quiere decir que debes ignorar la parte medio vacía o que ésta no tiene ninguna importancia. Nada de eso. Pero es importante que estés consciente de que el valor de la parte medio vacía depende, realmente, del punto de partida que tengan tus ojos para ver el vaso. Y ese lugar lo decides tú.

> *"Las personas sólo pueden ver lo que ellas están preparadas para ver."*
>
> Ralph Waldo Emerson
> http://bit.ly/dD7ECD

12 | Tres confusiones frecuentes sobre los paradigmas

1. Los paradigmas son negativos.

2. La ignorancia es la principal fuente de paradigmas.

3. La gente más inteligente cambia con más facilidad.

Obviamente hay otras confusiones, pero creo que aclarar éstas es muy importante.

Existe una historia que despeja contundentemente la visión sobre los posibles efectos de los paradigmas y la interpretación de "la realidad".

Es una historia sobre la industria relojera de Suiza y de Japón, que ocurrió entre finales de los años 60 y comienzos de los 80 del siglo pasado.

En aquel entonces los suizos llevaban 6 décadas de liderazgo mundial como fabricantes de relojes. Sin dudas, sabían mucho de este negocio. La experiencia en esta actividad era enorme. Durante todo ese tiempo también hicieron importantes invenciones tecnológicas, lo cual les otorgó fama internacional como grandes innovadores.

Los suizos eran tan inteligentes y brillantes en materia de relojería que terminaron inventando el reloj de cuarzo: Una tecnología que cambió radicalmente y para siempre la forma de hacer relojes en todo el mundo.

Sin embargo, cuando los inventores suizos mostraron el reloj de cuarzo a sus compatriotas fabricantes, fueron drásticamente rechazados.

La tecnología del reloj de cuarzo contenía nuevas reglas de relojería (que definían el futuro de esa industria). No obstante, los paradigmas relojeros de los afamados fabricantes suizos les impidió ver las oportunidades que tenían en frente.

Por no saber interpretar lo que representaba el reloj de cuarzo en su futuro, la industria relojera suiza colapsó casi completamente en menos de 10 años y las pérdidas fueron descomunales. Más de 50 mil personas perdieron sus trabajos.

En esa época, los relojes suizos pasaron de tener el 65% del mercado mundial a menos del 10%.

Por su parte, en los mismos años, los relojeros japoneses pasaron de menos del 1% del mercado a más del 30%.

No tenían ni una fracción de la experiencia que tenían los suizos haciendo sus relojes, pero los relojeros japoneses estaban en ese momento cabalgando en la revolución mundial de la electrónica. Sus paradigmas les permitieron anticipar la fortuna escondida en la tecnología del reloj de cuarzo.

Convencidos de que el reloj de cuarzo no sería el futuro del negocio, los relojeros suizos enceguecieron de tal manera que ni siquiera protegieron los derechos legales de su invención. Lo cual, como era posible anticipar, fue aprovechado oportunamente por los empresarios japoneses.

Resumamos esta historia de paradigmas:

1. Ciertos paradigmas relojeros permitieron que los suizos fueran líderes en esa industria e inventaran el reloj de cuarzo.

2. Los mismos paradigmas relojeros también impidieron que los suizos se dieran cuenta de que habían inventado nuevas reglas tecnológicas y, con ellas, el futuro de la relojería.

3. Gracias a que sus paradigmas eran completamente diferentes, los japoneses pudieron ver el potencial del reloj de cuarzo y no desperdiciaron esa oportunidad.

13 ¿Qué puedes aprender de esta historia relojera?

Primero: Los paradigmas no son buenos ni malos.

En ciertos momentos unos paradigmas son útiles y válidos. Pero en otros momentos, los mismos paradigmas pueden tener efectos negativos en la visión de las oportunidades.

Segundo: Los suizos no eran ignorantes ni inexpertos en tecnología relojera.

Eran brillantes y líderes haciendo relojes mecánicos. Pero ese gran dominio fue también su gran obstáculo para aceptar una alternativa tecnológica completamente diferente y mejor. Se confiaron.

Tercero: Los japoneses no sabían más que los suizos en materia de relojes mecánicos.

Sin embargo, sus paradigmas de la electrónica sí eran superiores, lo cual les permitió analizar e interpretar el reloj de cuarzo desde otro punto de vista.

Conclusión: Sin suficiente humildad y flexibilidad frente a nuevas ideas, tu propia inteligencia puede crearte limitaciones.

O como lo dice el poeta polaco Stanislaw Jerzy Lec: "La primera obligación de la inteligencia es desconfiar de ella misma" (http://bit.ly/buzYd6).

> **"La duda es uno de los nombres de la inteligencia."**
>
> Jorge Luis Borges
> http://bit.ly/cLQ9zW

14 | El valor de los paradigmas

Seguramente para este momento ya te has dado cuenta de que el concepto de paradigma **significa** muchas cosas, y no es algo extraño o ajeno a tu cotidianidad.

A veces, se refiere a la **manera de ver** las cosas y el mundo que te rodea, de cómo las observas y analizas.

Es la perspectiva que tienes frente a cada oportunidad o dificultad. Esa perspectiva influye, inevitablemente, en tu percepción e interpretación de "la realidad".

Es también acerca de tu **manera de pensar** sobre cada aspecto que enfrentas en la vida. Lo cual depende de tus creencias, tus convicciones y tu historia.

Igualmente, es tu **manera de hacer** las cosas, tu manera de proceder, de trabajar, de reaccionar, de comportarte, de comunicarte, de tratar a tu familia, a tus clientes o a tus compañeros de trabajo.

Como puedes ver, los paradigmas son **_útiles y funcionales:_**

- Pueden ayudarte a **filtrar** información irrelevante en un momento dado, para motivarte y concentrarte en lo más importante.

- Pueden **guiarte** en situaciones desconocidas, porque tus paradigmas pasados te sirven de referencia frente a las novedades.

En tal sentido, también podemos decir que los paradigmas constituyen **_sistemas para lograr tus metas._**

Cuando te propones algo y comprendes la dinámica de sus obstáculos y posibilidades, y cómo ambos afectan tu motivación, entonces te resulta mucho más fácil lograr tus objetivos.

Por eso, comprender los paradigmas te da mucho poder para enfrentar exitosamente cualquier tipo de cambio.

Todo en ti y alrededor de ti está cambiando constantemente. A veces te das cuenta. Otras veces ni lo notas. Pero cada uno de esos cambios, en diferente medida, son cambios de paradigmas.

Al comprender la naturaleza de los paradigmas te resulta más fácil comprender la naturaleza de los cambios. La mentalidad que asumes desde esa posición te proporciona la ventaja de poder anticipar el futuro. Tus **esquemas mentales** pueden determinar esa ventaja.

Tus esquemas mentales pueden ser prejuicios que castigan y castran tu motivación cuando, por ejemplo, tienes este tipo de pensamientos: "¿Para qué cambiar lo que siempre he hecho así y me ha resultado?"; "Es imposible que esa persona cambie"; "Eso nunca lo podremos lograr".

Todo lo que te parece imposible o muy difícil lograr, igualmente te parecerá que no merece motivación. Por eso descartas la posibilidad de intentarlo. Los **prejuicios** suelen restarle sentido a la iniciativa y al interés.

Además, cuando ya has intentado resolver algo y no te ha resultado, el prejuicio también te lleva rápidamente a rendirte y desmotivarte. De esa situación tiendes a concluir: "Ya lo intentamos
y no hay manera de lograrlo".

Ahora bien, tu motivación se nutre de manera diferente si tus esquemas mentales son los de
una persona que generalmente piensa en términos de "vamos a intentarlo", o "¿y si probamos de ésta otra manera?", o "¿qué tal si vemos esto pero desde otra perspectiva?".

En estos casos tus paradigmas te sirven para
llevarte hacia la búsqueda, la exploración, la reflexión, la duda, las posibilidades, el intento, el deseo y la motivación. Al ocuparte de alimentar tus **motivadores internos** cambias tu visión y la percepción del mundo frente a ti.

15 Fundamentos básicos de la motivación interior

¿Ya tienes claro que las motivaciones externas son importantes, pero duran menos que las internas, porque no dependen de ti y eso las hace limitadas?

¿Tienes claro que las motivaciones internas son más poderosas porque están a tu disposición cada vez que tú desees utilizarlas y que sólo dependen de tu decisión?

Ahora bien, cuando hablo de motivación interior o *automotivación*, no me estoy refiriendo simplemente a los deseos, el optimismo, la esperanza o una actitud positiva.

Para que las motivaciones internas cuenten con la fuerza necesaria para impulsarte todos los días a levantarte y procurar tus metas, entre otras cosas, debes cumplir con tres condiciones indispensables.

Primero: La automotivación se nutre de *objetivos* bien definidos, tan específicos como sea posible.

Ese es el punto clave de partida. Si esos objetivos son en el largo plazo, mejor, porque así tu motivación tenderá también a durar más en el tiempo, a ser más estable y menos vulnerable frente a las dificultades.

Los objetivos en el largo plazo y los objetivos ambiciosos son una especie de *gimnasio* para tu paciencia, tu persistencia y tu compromiso con las prioridades que hayas establecido.

Actuar sin objetivos es como disparar sin tener un *blanco*. Si no sabes bien hacia dónde vas, es muy probable que termines dando vueltas en círculo. Es improbable que encuentres algo si no sabes lo que estás buscando.

Sin embargo, los objetivos generales no son suficientes. Necesitas que sean tan detallados como puedas. Esos detalles funcionan como una brújula para tu motivación. Las características específicas de tus metas sirven para que tu motivación se "recargue". Las imprecisiones o ambigüedades siempre tenderán a desestimularte y dispersarte.

Segundo: La automotivación se alimenta de la conciencia que tengas sobre *cómo* lograr tus objetivos.

No significa que te hace falta una receta o tener la fórmula secreta del éxito. Si comprendes bien cómo tus paradigmas influyen en tus análisis y decisiones, aumentas tus posibilidades de usarlos para tu beneficio.

Cuando llegas a entender los paradigmas que te impiden o facilitan tus propósitos, entonces puedes anticiparlos y prepararte mejor para aprovecharlos.

¿Quiénes logran mejor sus propósitos? Los que tienen planes de trabajo, aunque no estén completos o tengan que hacerles ajustes mientras los llevan a cabo. Recuerda: Tener un plan parcial es mil veces mejor que no tener plan.

Lograrás mayor claridad si analizas de manera desprejuiciada las fortalezas y debilidades. Pero el análisis puede ser inútil si tus esquemas mentales son rígidos y no tienes disposición a cambiar de punto de vista para identificar otros aspectos que no puedes ver desde donde sueles estar parado.

Tercero: Es indispensable que *actúes* para lograr tus propósitos.

Ponte en movimiento. Levántate. Planifica. Trabaja. Aprende. Persiste. Establece prioridades. Disfruta y alimenta tu motivación interior, estudiando y practicando los requerimientos de tus objetivos.

La palabra motivación se deriva del vocablo latín *movere*, que significa "mover".

Al ponerte en marcha le das oxígeno a tus objetivos y a la motivación de lograrlos.

Pero debes actuar a conciencia; no de manera mecánica. Actúa con pasión; no por salir del paso. Actúa para crear tus oportunidades; no como víctima del entorno. **Tu acción es la diferencia.** Tu acción es lo que tiene más valor a la hora de lograr tus metas.

Los paradigmas mal manejados pueden tener efectos negativos tan extremos, que hay personas que rezan fervorosamente para ganarse la lotería pero ni siquiera se **ocupan** de comprar el ticket.

Sí, es verdad, a veces vas a cometer errores. Otras veces te vas a sentir frustrado. En ciertos momentos las cosas no resultan como quisieras. Inclusive, es lógico que haya días en que sientas que ningún esfuerzo tiene sentido o vale la pena.

Cuando eso ocurre, y tus motivaciones internas se han alimentado y ejercitado con pensamientos flexibles y con humildad, es mucho más fácil que te animes a buscar alternativas para resolver las dificultades y continues en el camino para alcanzar tus metas.

De lo contrario, **si estás convencido de que dependes totalmente de motivos externos**, los tropiezos propios del proceso para lograr tus objetivos tenderán a parecerte catastróficos:

1. La sensación de **decepción** es tan grande que te paraliza y desmotiva. Te desilusionas de lo que haces y te desencantas. Te desalientas a hacer las correcciones que hagan falta para continuar.

2. El **desánimo** te impide encontrar motivos y razones para levantarte. Hay ocasiones en que las frustraciones hacen que olvides los objetivos que te planteaste en un principio.

3. Pierdes la **confianza** en tu poder personal, en el potencial de tu inteligencia y en la facultad absoluta que tienes para decidir que un gran desacierto o calamidad no merece tu rendición.

Como ves, la desmotivación puede hacerte **divagar** y girar en un círculo vicioso: "Si no recibes motivación externa no tendrás suficientes razones para esforzarte, ¿y para qué esforzarte si no cuentas con suficientes razones externas para hacerlo?"

En ese momento te conviene recordar que tu motivación interior depende y se nutre de que tengas:

1. Objetivos claros.

2. Un plan para lograrlos.

3. Actuación con decisión.

Define paradigmas con sinónimos

Elabora una lista de sinónimos de "paradigma".

Vas a obtener varios beneficios significativos:

- Comprenderás el concepto más ampliamente.

- Entenderás mejor sus efectos en ti
  y en otras personas.

- Entenderás mejor por qué a algunas personas
  les cuesta mucho más asimilar los cambios.

- Mejorarás tus habilidades para anticipar el futuro.

- Verás más fácilmente oportunidades donde ahora
  no las ves.

En la siguiente página encontrarás una lista
de sinónimos de "paradigmas" que hice yo.
¡Pero no la revises todavía!... Ten paciencia...

Se trata de una lista parcial, pero te servirá
de referencia para compararla con tu lista.

Haz primero la tuya: Escribe 40 sinónimos de paradigmas. Sí, 40 (por lo menos).

Y toma en cuenta estas pistas: **Tu lista NO deberá contener** las siguientes palabras: Cultura, organización o negocios. Ellas no contienen un solo paradigma, sino un complejo universo de paradigmas. Esas palabras son una suma de maneras distintas de pensar y actuar en todas las áreas.

En cada área también hay diferentes paradigmas por actividad, y hasta pueden tener paradigmas contradictorios. Eso origina las tensiones en los equipos que no están alineados hacia objetivos comunes o que tienen importantes diferencias en la forma de lograrlos.

Escribe tus 40 sinónimos de paradigmas:

_____ _____

_____ _____

_____ _____

_____ _____

_____ _____

_____ _____

_____ _____

_____ _____

_____ _____

_____ _____

_____ _____

_____ _____

_____ _____

_____ _____

_____ _____

_____ _____

_____ _____

_____ _____

_____ _____

_____ _____

Ahora compara tu lista con la mía:

Adicciones	Percepciones
Convenciones	Perspectivas
Convicciones	Prejuicios
Costumbres	Principios
Creencias	Procedimientos
Doctrinas	Protocolos
Dogmas	Razonamientos
Enfoques	Referencias
Estándares	Reglamentos
Fórmulas	Reglas
Hábitos	Rituales
Ideologías	Rutinas
Interpretaciones	Sistemas
Manías	Supersticiones
Metodología	Suposiciones
Modelos	Técnicas
Modos	Teorias
Opiniones	Tradiciones
Patrones	Usos
Pautas	Valores

Aprovecha la oportunidad para sorprenderte buscando el significado exacto de todas las palabras de tu lista, o por lo menos el significado de aquellas sobre las cuales tengas alguna duda.

Si revisas, aunque sea la definición más simple que consigas en el diccionario, unos cuantos de tus paradigmas sobre esa palabra también van a cambiar y evolucionar.

Una definición más formal y muy interesante sobre este concepto es la que ofrece el consultor Joel Barker en su libro "Paradigmas":

Un paradigma es un conjunto de reglas y reglamentos, escritos o no, que hacen dos cosas:

1. Establecen y definen límites, como lo hace un patrón o un modelo.

2. Te guían sobre cómo deberías actuar para tener éxito dentro de esos límites.

Esto se puede comparar con lo que ocurre en un juego de fútbol o béisbol. Es decir, cualquiera de estos deportes es un conjunto de paradigmas.

Cada una de estas competencias se practica en un campo que tiene sus propios límites.

Las reglas de ambos juegos están bien definidas
y los competidores deben cumplirlas si desean tener
posibilidades de ganar.

Cada equipo tiene su manera de jugar y sus respectivas
estrategias para ganar, dependiendo
de las condiciones en las que se encuentren.

Adicionalmente, los equipos están constituidos por
jugadores que a su vez tienen diferentes habilidades,
fortalezas y desempeños.

¿Quién gana? El equipo que domine mejor los
paradigmas del juego. Es decir, aquel equipo que
solucione el mayor número de retos y dificultades
de la manera más eficiente, y logre la meta final de
la competencia: Anotar más carreras en el béisbol, o
anotar más goles en el fútbol, que el equipo contrario.

Igual sucede en el trabajo o en la vida privada. Tu éxito
en cada caso es directamente proporcional al dominio
que tengas de los paradigmas del reto que encares.
Logras triunfar cuando anotas más goles o carreras que
las que anotan los obstáculos y las dificultades.

¿Cuándo se tranca el juego?

Observa cómo funcionan los paradigmas:

Si repites muchas veces los procedimientos pasados que te proporcionaron éxito en una actividad específica y en un momento determinado, seguramente te volverás experto en el área.

Sin embargo, esa seguridad que te dan las soluciones que ya conoces cada vez dura menos, porque todo cambia constantemente.

La verdad es que la vida se te comienza a enredar cuando intentas solucionar una situación con un tipo de respuesta que te funcionó en el pasado y que de pronto deja de tener efectividad.

Es decir, los paradigmas te sirven para resolver diversos tipos de cuestiones, pero pueden llegar a tener efectos negativos si te aferras ciegamente a una única forma de ver el mundo y una sola manera de actuar.

Esa **rigidez** produce una especie de ceguera que disminuye tu capacidad de percibir cambios y nuevas oportunidades. Puedes tener un gran espíritu perseverante, tener mucha autoestima y tener mucha motivación, pero si los paradigmas de tus retos **cambian** es poco probable que las viejas soluciones te sirvan.

Ésta es la idea fundamental que te propongo tener en cuenta:

Todos los desafíos, grandes o pequeños, tienen **diversas respuestas correctas**, o diferentes maneras válidas de resolverlos. Sin embargo, no las puedes ver cuando te aferras ciegamente a un modelo o un esquema de solución que te sirvió en algún momento pasado.

Como consecuencia, la ceguera paradigmática genera frustración y desmotivación cuando ves disminuir tu efectividad personal frente a dificultades que antes dominabas con facilidad.

Además, esas emociones influyen negativamente en tu interés y entusiasmo para buscar nuevas opciones de solución. La energía que le pones a esos retos, en el trabajo o la vida privada, deja de ser la misma.

> *" El secreto de la sabiduría, del poder y del conocimiento es la humildad. "*
>
> Ernest Hemingway
> http://bit.ly/aB8Xca

17 | Efectos de la ceguera paradigmática

Ya he mencionado varios ejemplos de ceguera paradigmática en este libro.

¿Recuerdas lo que le pasó a los suizos cuando ellos mismos inventaron el reloj de cuarzo? (pág. 44).

¿Recuerdas a los hombres que creían burlarse del tonto del pueblo? (pág. 34).

¿Recuerdas lo que pasó en la historia de Manuel cuando perdió el foco de su esfuerzo? (pág. 37).

¿Recuerdas la historia de los dos vendedores de zapatos? (pág. 30).

También podemos afirmar que se trata de una especie de miopía. Funciona como si se te empañara la vista: No te deja ver oportunidades. No te deja ver la parte medio llena del vaso. Te aleja de tu potencial creativo y de soluciones alternativas.

La ceguera paradigmática hace que tu inteligencia filtre tus percepciones. Sólo le permite el paso a lo que comprende mejor por conocimientos previos.

Además bloquea y rechaza las ideas diferentes
o nuevas.

Pruébalo con el siguiente ejercicio:

Une los siguientes 9 puntos solamente con 4 líneas
rectas consecutivas, sin levantar el lápiz del papel:

Toma 2 minutos para encontrar una solución.

Algunos de tus posibles paradigmas: "Esto es muy fácil...
Esto es muy difícil... Creo que ya hice esto antes"...

Si nunca habías realizado este ejercicio, es probable que
a los 2 minutos concluyas que es imposible de hacer.

Si has estado en alguna de mis conferencias y talleres es probable que recuerdes una de las soluciones.

No obstante, vale decir que la mayoría de las personas ofrecen esta primera solución:

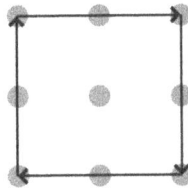

Pero no es una respuesta correcta, porque el punto del medio no queda **unido** al resto, sino "encerrado" por los demás.

Siempre me resulta muy interesante ver que la mayoría de las personas, inconscientemente, repite la misma solución varias veces, y sólo varía el punto de partida de los trazos; como si por repetición en algún momento la solución incorrecta fuera a funcionar.

Esta situación me recuerda el riesgo del paradigma de la "perseverancia" en muchas situaciones de trabajo o de la vida privada... La perseverancia es indispensable en el logro de objetivos, *excepto* cuando perseveramos en errores.

¿Qué es especialmente notorio en esta solución en cuanto a paradigmas se refiere?

La ceguera paradigmática es un efecto inconsciente y funciona como un filtro. Nos hace percibir e interpretar las cosas de acuerdo con nuestros conocimientos previos.

Así que, cuando vemos los puntos desplegados de esa manera, la figura que nos resulta más familiar es la de un cuadrado.

Esto significa que las soluciones que intentamos frente a cualquier reto, como es lógico, siempre parten de lo que ya conocemos, o lo que nos resulta familiar (especialmente si no sabemos nada al respecto).

En otras palabras, cuando actuamos en forma mecanizada, como si fuéramos un robot, tendemos a solucionar las cosas buscando que se adapten a nosotros. Cuando debería ser al revés, especialmente con los casos más difíciles.

Cuando somos capaces de dominar y poner a un lado nuestros paradigmas, para examinar los retos "con otros ojos", nos salimos de la trampa de interpretar las cosas de las maneras que sólo conocemos.

En el caso de los 9 puntos, la solución aparece cuando dejamos de pensar en términos de "cuadrado" y vamos más allá en el espacio.

Una solución para el ejercicio de los 9 puntos

Primer trazo:

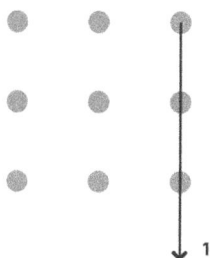

Segundo trazo:

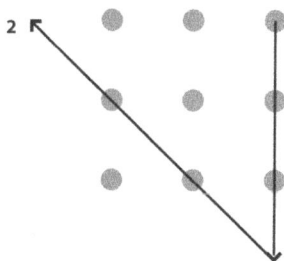

Como ves, debes salirte de la figura del cuadrado que ya tienes instalada en la mente...

Tercer trazo:

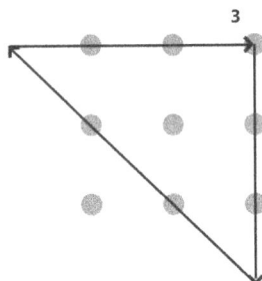

Trazo final:

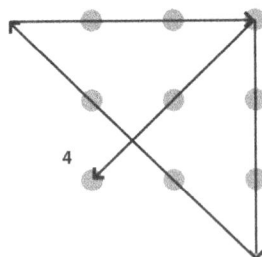

Ahora que comprendes el paradigma del ejercicio, estoy seguro de que puedes resolverlo de otras maneras y tener varias respuestas correctas, cambiando el orden de los trazos.

No es un asunto de inteligencia:
Es de paradigmas

19

La ceguera paradigmática puede ser muy paradójica, porque evidencian que la solución de muchos problemas cotidianos implica mucho más que lo que normalmente interpretamos como inteligencia.

De hecho, algunas de las personas que consideramos "inteligentes" pueden oponerse con más fuerza a los cambios, a las ideas diferentes, particularmente cuando no comprenden las posibilidades de encontrar nuevos paradigmas.

Existen cronistas que relatan que Harry Warner, uno de los fundadores de la famosa productora de películas Warner Bros., dijo en 1927: "¿Y a quién le interesa que los actores hablen?" (http://bit.ly/a990Jf).

Después, cuando las películas tuvieron sonido, la pregunta de Warner parecía absurda. Pero antes de que eso ocurriera era lógica e "inteligente": Warner había logrado tener mucho éxito con películas mudas, sin necesidad de que el público oyera a los actores.

Algo parecido le ocurrió a Thomas Watson, Presidente de la empresa IBM. En 1943 dijo: "Creo que en el mundo sólo hay mercado para un total de cinco computadoras" (http://bit.ly/bCNdFV).

Ahora que conocemos las computadoras personales nos parece una afirmación insensata. Pero cuando Watson la hizo tenía muchas razones para respaldarla: Las computadoras que habían inventado para el momento eran monumentales y ¡carísimas!

Ni a Warner, ni a Watson, ni a los suizos les faltaba "inteligencia". Por el contrario, todos en su momento invertían fortunas en innovación y creatividad. Pero su manera de hacer lo que hacían era tan exitosa que en algún momento perdieron la **flexibilidad para anticipar** otras opciones de negocio.

En otras palabras, lo que consideramos "inteligencia", en algunos momentos, puede ser un cuchillo de doble filo.

Si no entrenas tu flexibilidad y **humildad**, la inteligencia que te sirve para ciertos éxitos puede ser la razón de otros fracasos. En eso consiste el poder de los paradigmas.

Muchas veces la humildad se asocia a limitaciones o debilidades, pero esa es la parte medio vacía del vaso. En el marco de los paradigmas que venimos hablando la humildad es una **virtud** que consiste en autoconocimiento, madurez, modestia y motivación.

La humildad se traduce en la disposición mental que hace falta para vivir los aprendizajes sin soberbia ni arrogancia, y te brinda la motivación para buscar comprender las cosas mucho más allá de tus conocimientos previos.

La curiosidad creativa activa se nutre de la fuerza, el vigor y el valor que proporciona la humildad con conciencia.

20 ¿Hay colirio para la ceguera paradigmática?

Cuando comprendes el fenómeno de los paradigmas se te puede aclarar la vista.

Si estás consciente de que los cambios de paradigmas no son otra cosa que cambios en las reglas del juego y, por consiguiente, cambios en las soluciones, te resultará mucho más fácil encontrar otras opciones que también pueden ser exitosas.

Es decir, también puedes usar los paradigmas como un colirio en función de evitar que tu motivación se empañe. Recuerda que los paradigmas no son buenos ni malos, sino que debes conocerlos, interpretarlos y manejarlos en función de tus metas y objetivos.

No hay duda de que es admirable que domines un conjunto de paradigmas, como lo hacía la empresa Sony con el reproductor de MP3, antes de que la empresa Apple sacara al mercado su iPod.

Pero ese dominio no debe traducirse en **exceso de confianza**, en rutinas mecanizadas, en **prejuicios** u obsesiones, porque ahí se origina la ceguera paradigmática.

Recuerda la historia que te conté de Manuel. Él era muy feliz al principio, cuando comenzó a trabajar. Estaba enfocado en aprender y prepararse para las oportunidades. Esos eran sus paradigmas dominantes. Eran sus motivadores internos. El decidió que eran su prioridad y ese valor hacía que estuviera motivado a esmerarse.

Pero cuando Manuel cambió de perspectiva y convirtió el sueldo en el paradigma más importante de su trabajo, automáticamente se desmotivó, bajó la guardia con él mismo, disminuyó la energía de su desempeño y terminó **desempleándose.**

Los compañeros de trabajo de Manuel tenían otra óptica. Por eso le decían que lo que ganaba no se correspondía con lo que trabajaba, y terminaron convenciéndolo de eso.

A lo mejor era verdad. Quizás el sueldo de Manuel era inapropiado, pero su decisión fue incorrecta: Manuel no tenía que disminuir sus motivaciones y sus sueños, debía preservarlos. Si para lograrlos debía buscar otro trabajo, eso fue lo que debió hacer. Pero **no** lo hizo.

Manuel no comprendió que el paradigma que tenía que enfrentar no era retribuir lo que consideraba justo por el sueldo que recibía. Eso lo enfocaba en la parte medio vacía de su vaso de oportunidades.

Para que no te pase lo mismo que a Manuel, debes apuntar mejor al paradigma de tu motivación esencial: Ocuparte de aprovechar todo tu potencial. Sólo así puedes estar pendiente y darte cuenta de los cambios de paradigmas y de tus prioridades.

Analicemos esto en la práctica:

Imagina que eres un gran futbolista y de pronto cambian las reglas: La pelota que se usa en el fútbol es sustituida por el tipo de pelota que se usa en el béisbol.

Por favor, no cometas el mismo error de los suizos con el reloj de cuarzo: No pienses que es una idea ridícula y que no tiene futuro. Piensa simplemente que es algo que puede ocurrir aunque parezca absurdo.

Si eres un buen jugador de fútbol y continuas jugando como lo hacías antes, con la pelota grande, va a ser verdaderamente difícil que ahora juegues bien.

Si no te ocupas de buscar **comprender las propiedades** de la pelota pequeña en función de usarlas para tus metas personales, tus chances de éxito disminuirán y con ellos tu motivación hacia el juego.

Precisamente, contar con esa comprensión te hace más flexible para adaptarte a las nuevas reglas,
te permite aprender de ellas y te evita la miopía
con tus prioridades.

Cuando amplias la flexibilidad y la disposición positiva frente a los cambios, no quiere decir que no cometerás errores o evitarás reveses emocionales. Lo que significa es que disminuyes las posibilidades de quedarte **atorado** ahí, **encajonado** en las dificultades, **castrando** tus fuentes de motivación personal.

La flexibilidad mental te facilita saber cuándo tienes frente a ti nuevos paradigmas que debes comprender y utilizar adecuadamente (si quieres permanecer en el juego y contar con chances de ganar). Ella es el pilar fundamental de tu motivación hacia el logro.

Además, la motivación al logro es especialmente importante por su valor nutritivo.

Cuando te propones objetivos y triunfas, automáticamente tu motivación se retroalimenta. Te das cuenta de que sí puedes conseguir lo que te propones. Esa sensación te proporciona más confianza y flexibilidad para plantearte nuevos retos.

De esta manera puedes deducir que una buena estrategia para darle mantenimiento a tu automotivación implica definir objetivos para el largo plazo que contengan sub-objetivos en el corto plazo que puedas lograr con más rapidez y facilidad.

Siempre ten en cuenta que el alma necesita alimentarse y celebrar todos los días, con sus pequeños pasos y no sólo cuando obtienes grandes éxitos.

Cuando de motivación personal se trata, lo más difícil no es encender la llama, sino mantenerla viva.

> *"Mucha gente pierde las oportunidades porque éstas se visten con overol y parecen trabajo."*
>
> Thomas Alva Edison
> http://bit.ly/cBLTEM

21 | Tipos de motivaciones

Estoy seguro de que ya sabes que la motivación es un conjunto de fuerzas que dan impulso a las personas para alcanzar sus metas. Asímismo, la motivación puede considerarse como una respuesta a diversas necesidades, lo cual determina la manera de ser de la gente.

Si no violan los derechos de otras personas, todas las motivaciones son válidas. Pero es importante tomar en cuenta que su validez, para ti, depende de tus objetivos y prioridades. No olvides el cuento del tonto del pueblo.

El objetivo de las personas que se burlaban de él era pasar un momento divertido, a costa del tonto. Eso les proporcionaba la sensación de sentirse más inteligentes. Esa era su prioridad, su paradigma.

Por su parte, el objetivo del supuesto tonto era mantenerse ganando el dinero que obtenía producto de la burla que le hacían. Tolerar la burla le permitía lograr su meta. Por eso la burla no lo desmotivaba ni le generaba resentimiento. El "tonto" lo había decidido así. Esa era su prioridad.

Enceguecidos por los paradigmas de sus valores, los burlones no podían ni siquiera imaginar que el tonto era el que realmente se burlaba de ellos. Así son los efectos de la motivación.

Tus **motivos externos** tienen sentido si son capaces de provocar, dirigir y **mantener** tus conductas hacia tus metas y objetivos.

Pueden ser estímulos económicos o condiciones de trabajo. También puede ser que te atraiga el prestigio, la cultura o el estilo de liderazgo de una determinada organización, y eso te impulse a buscar que te contraten.

Hay otras recompensas externas que igualmente pueden encender tus deseos de trabajar conscientemente por lograrlas.

Dependiendo de tus paradigmas, unas cosas te incentivarán más que otras. Asímismo, tus paradigmas harán que veas motivaciones externas que otras personas no ven y viceversa.

Cualquiera sea el caso, si son impulsos externos, están sujetos a condiciones fuera de tu alcance. Tú no las determinas y eso hace que tu motivación sea muy vulnerable. Todo depende del valor de estos motivadores externos. Unas veces son un fin en sí mismo y otras veces son un medio para lograr un fin superior.

Por la satisfacción que te produce, el reconocimiento a tus aportes personales por parte de tu jefe suele ser un fin en sí mismo. Pero la búsqueda de un salario mejor casi siempre es impulsada por el deseo de aumentar tu capacidad económica para conseguir mayor bienestar material.

Si no diferencias bien los objetivos externos de tus objetivos personales internos y cambian las condiciones externas que te motivan, corres el riesgo de terminar muy desmotivado.

Por esta razón, tus motivos internos son al mismo tiempo tus objetivos personales: Tu fuente de motivación más importante, porque es más estable en el tiempo. Ellos te proporcionan satisfacción y plenitud, más allá de las condiciones externas.

La motivación tiene los mismos efectos que los paradigmas

La siguiente es una situación muy frecuente
en cualquier trabajo:

Si trabajas en un lugar solamente por el salario
y éste no tiene una clara correlación con tus objetivos
personales internos, más temprano que tarde
terminarás trabajando rutinariamente, sin pasión
y sin interés en el futuro.

Pero cuando tienes **objetivos personales internos**
bien definidos y sientes que no recibes un salario justo,
debes dejárselo saber a la empresa. Es lo mínimo que
debes hacer para tener opciones de mejora.

Ahora bien, en el caso de que la empresa no pueda
satisfacer tus expectativas económicas, debes tomar las
siguientes decisiones:

1. No jugar a esperar que te despidan, porque vas
   a perjudicar mucho tu reputación a futuro frente
   a otros posibles empleos. Eso siempre afectará
   negativamente las posibilidades de un mejor sueldo
   en otro lugar.

2. Mantener la energía en el trabajo actual, antes de que te pase la historia de Manuel (pág. 37).

3. Buscar otro trabajo en el que te paguen mejor, sin perjudicar el trabajo actual. De lo contrario vas a activar los mismos riesgos que activó Manuel.

Estas decisiones parecen obvias y de sentido común, pero no lo son. En situaciones parecidas, muchas personas terminan como **sonámbulas** en sus trabajos.

Sólo cuando tienes claridad sobre tus objetivos personales internos, estas decisiones te parecen más apropiadas. Siempre ten presente que tu percepción depende de cómo te afectan tus paradigmas, y estos varían en el tiempo y en la circunstancias.

Mientras más conciencia tengas de cómo te afectan tus paradigmas, más posibilidades tienes de poner en sintonía tus motivaciones externas con las internas.

Esa sintonía produce un *círculo virtuoso* de motivación, en el que los objetivos internos orientan la influencia de los motivadores externos, y éstos se convierten en un soporte de la automotivación.

> " *La única cosa que interfiere con mi aprendizaje es mi educación.* "
>
> Albert Einstein
> http://bit.ly/a85v31

23 Cinco ideas para prevenir la ceguera paradigmática

Son iniciativas prácticas que puedes implementar en términos inmediatos. Su finalidad principal es que ejercites la inteligencia, la flexibilidad y la humildad para que así aumentes tus capacidades de anticipar el futuro.

En parte están inspiradas en un planteamiento de Albert Einstein: "La mente es como un paracaídas: Sólo funciona si se abre".

Son ejercicios orientados principalmente a estimular tu reflexión, así que ninguno tiene respuestas incorrectas: ¡No puedes equivocarte!

Todas las respuestas que explores son correctas porque tienen potencial y son opciones, aunque te parezcan absurdas en un momento determinado.

La parte más importante del ejercicio es que tengas *disposición a explorar, buscar y dudar.*

Esa disposición es la base principal de un colirio que ayuda a prevenir la ceguera paradigmática.

Todos los ejercicios pueden ser realizados de manera individual y en equipo.

1. Reconoce tus paradigmas con mayor potencial negativo

Este ejercicio es un paso previo indispensable para poder entender cómo influyen en ti.

¿Cómo reconocerlos?

Primero: Son los principios más importantes que utilizas en momentos clave a la hora de ver e interpretar tu mundo. Por ejemplo, están implícitos en expresiones de este tipo:

- *Yo no tolero por nada en el mundo que...*

- *Por ningún motivo voy a aceptar que...*

- *Esta solución siempre me ha funcionado...*

- *Para mí lo más importante es...*

- *Yo no voy a cambiar mi posición por estas razones...*

Segundo: Identifica cómo podrían estos asuntos afectarte negativamente al analizar "una realidad". Esto lo puedes lograr si en dificultades extremas te preguntas:

- ¿Cuáles son mis prejuicios en este caso?
- ¿Qué aspectos podría estar pasando por alto?

Este ejercicio puede ser aún más efectivo si le pides ayuda a personas de tu confianza que tienen paradigmas distintos a los tuyos.

Comparte con ellos el propósito del ejercicio y las preguntas.

2. Cuando debas hacer análisis busca personas que piensen diferente a ti

¿Recuerdas el caso de los suizos y japoneses? ¿Recuerdas por qué los japoneses vieron oportunidades en el reloj de cuarzo que los suizos despreciaron, aunque ellos mismos habían descubierto la nueva tecnología?

Algo muy parecido le ocurrió a la empresa Sony con su reproductor MP3, cuando Apple sacó al mercado su iPod. En este caso, fueron los japoneses de Sony quienes subestimaron la posibilidad de que una empresa de la industria de la computación incursionara en la industria de la música.

Es muy probable que Apple haya visto las oportunidades que aprovechó, precisamente porque pensaba de manera diferente sobre la música.

Así que puede ser muy interesante contar con gente que piense muy diferente a ti, cuando hagas análisis o planificación, en cualquier área (administración, mercadeo, tecnología, seguridad, operaciones, ventas, etc.) y frente a cualquier reto.

Ésta es una de las formas más eficientes de pensar en tu futuro. Es un atajo. Cuando consigas personas con opiniones diferentes, pídeles que te expliquen cómo llegaron a esas ideas. Lo más importante no es la opinión en sí misma, sino entender su origen.

La opinión es como la punta de un iceberg,
y este ejercicio es para que mires la base, la parte
"no visible" del iceberg.

No subestimes opiniones contrarias a las tuyas, aunque
sean minoría. Son sólo una consecuencia de un proceso
previo de percepciones e interpretaciones. En ese
proceso pueden existir oportunidades que seguramente
descartarás si sólo ves la punta del iceberg.

**3. Escribe tus objetivos estratégicos de forma tan
detallada como sea posible**

Por objetivos estratégicos me refiero a tus objetivos
personales internos más importantes.

Elabora una lista con ellos, pero asegúrate de que no
sea demasiado extensa. De lo contrario, los objetivos no
serán fáciles de recordar y utilizar de manera práctica en
el día a día a la hora de hacer análisis
y tomar decisiones.

En este ejercicio no sirven generalidades del tipo "lograr paz interior" o "ser feliz". Debes describir en qué consiste cada objetivo.

Las generalidades no te van a ser útiles cuando debas levantarte después de caídas estrepitosas. Los detalles sí, porque tienen la fuerza de tus motivos internos específicos.

Por ejemplo, no te conformes con decir que quieres tener una vivienda mucho más cómoda. Describe los detalles: Tamaño, número de cuartos, medidas de la cocina, ubicación, etc.

Si ya tienes una buena lista de objetivos o motivadores personales, porque la hiciste antes de leer este libro, éste es un buen momento para revisarla y refrescarla. A lo mejor puedes agregarle o mejorar detalles. O puedes celebrar que tiene su vigencia inicial.

4. Establece prioridades en tus objetivos

¿Ya tienes la lista con tus objetivos detallados?

Este ejercicio de diferenciarlos por prioridad te ayuda a profundizar su definición y evaluarlos con tres criterios prácticos:

- Primero ordénalos según su importancia, de mayor a menor.

- Después ordénalos de acuerdo al tiempo que requieren para ser logrados, también de mayor a menor.

- Por último ordénalos de mayor a menor, poniendo primero los objetivos que más dependen de ti para lograrlos y que dependen menos de factores externos.

Si comparas las tres listas podrás inferir un plan para ponerte a trabajar en tus metas.

Recuerda la historia del tonto del pueblo: La claridad en sus prioridades le permitió establecer acciones efectivas por encima de las señales del entorno.

Al establecer prioridades en tus objetivos personales encuentras también un camino para alinear tus motivadores internos con los externos sin que tengas que confrontarlos.

5. Ejercita la amplitud de tus percepciones e interpretaciones

Estimula tu disposición a aprender por todos los medios posibles y tanto como puedas.

La principal calistenia de la inteligencia es la humildad, y la humildad es la condición clave del aprendizaje.

Recuerda que aprendizaje es sinónimo de cambio, no de conocimiento. Eso significa hacer aeróbicos con la mente tanto como sea posible. Las rutinas inconscientes hacen que olvides conocimientos básicos, y los desestimes al darlos por obvios.

Debes dedicar más tiempo a despertar y cultivar la curiosidad creativa, y menos tiempo a los prejuicios. Albert Einstein decía al respecto: "No tengo talentos especiales. Yo sólo soy apasionadamente curioso".

Estas son iniciativas verdaderamente sencillas pero de alto impacto en el corto plazo:

1. Lee un poquito todos los días sobre **ideas nuevas** en todas las áreas, especialmente las que son diferentes a tu trabajo. Por lo menos entre 5 y 10 minutos diarios. Toma notas, captura ideas en el papel, agrega comentarios propios, resume conclusiones: Participa en el libro.

2. Ejercita cambios de rutinas cotidianas. Por ejemplo, cambia de mano para cepillarte los dientes o el cabello, o para comer. Cambia la mano en la que llevas el reloj. Cambia de camino para ir a tu trabajo o para regresar a tu casa.

3. Lleva contigo un diccionario a todas partes. Busca el significado de toda palabra que no conozcas y busca sinónimos de tus palabras más frecuentes. Busca palabras alternativas que te permitan expresar las cosas que te interesan comunicar. Ampliar el uso del lenguaje es sumamente útil como ejercicio mental.

4. Mejora la calidad de escuchar, refraseando. Esto quiere decir que cuando escuches a alguien con una opinión diferente a la tuya, valida tu comprensión repitiendo la idea pero con tus propias palabras. Puedes decir: "Déjame ver si te comprendí bien. Lo que tú quieres decir es…"

24 ¿Por qué cultivar la motivación?

Después de tener la oportunidad de trabajar todos estos temas con centenares de organizaciones y decenas de miles de personas, esto es lo que más me llama la atención:

Los líderes y las organizaciones de todo tipo suelen recordar "la motivación" cuando ésta escasea y en momentos en que se hace especialmente necesaria. Es decir, la visión generalizada sobre la motivación es muy *reactiva*. Como si se tratara de una simple infección en la gente que se cura con una medicina.

Por esta razón, no son pocos los gerentes que en la actualidad se la pasan buscando desesperadamente cursos, charlas u otro tipo de "eventos de motivación".

No hay dudas de que estas iniciativas tienen efectos positivos, especialmente si forman parte de un plan general para mantener en alto el espíritu de los miembros del equipo. De lo contrario, su alcance es muy limitado y a veces hasta **contraproducente**.

Si los líderes no tienen un plan ni un método para *cultivar* la confianza con su gente y "repentinamente" tienen gestos de motivación, es fácil predecir las posibilidades de que sus seguidores sospechen de sus intenciones.

Si los líderes no tienen la costumbre de expresar agradecimientos y elogios públicos a **todos** sus seguidores por sus aportes, de manera constante, coherente y consistente, siempre correrán riesgos con la percepción que generen sus "ampolletas de motivación".

La manera más efectiva y beneficiosa de alimentar el ánimo en tus hijos, estudiantes, colegas o supervisados es con una perspectiva "agraria": La motivación sostenible es un producto que **se cultiva** en el tiempo, de manera organizada y constante.

Dicho de otra forma, el paradigma que una organización o un líder debería tener para que sus esfuerzos motivacionales den más frutos es el de la motivación como un resultado, una consecuencia del día a día. Si no la cultivas de esta manera es como pedirle "peras al olmo", o como rezar intensamente para ganarte la lotería sin haber comprado el ticket.

La "ampolleta de motivación" más poderosa para un líder es la práctica diaria del respeto, aprecio, reconocimiento y agradecimiento público hacia sus seguidores. Estos son los verdaderos antibióticos que se deben cultivar.

¿Por qué te conviene motivar a otros?

Desde el punto de vista organizacional o individual, las razones son diversas y tienen diferentes orígenes.
A veces las intenciones son plausibles y otras no tanto.
En cada caso, cada quien tiene sus motivos específicos.

Sin embargo, hay un beneficio individual que es común en todos los casos: Cuando motivas a otras personas cultivas tu propia motivación. Cuando le haces agradable la vida a otras personas, haces inspiradora tu propia vida: Es el modo más seguro de motivación.

El proceso de influir positivamente en otros es siempre motivador. Te obliga, en el mejor sentido de la palabra, a que refresques y actives tus propios motivadores internos.

Motivar a otras personas es la **estrategia** personal más eficiente para hacerle "alineación y balanceo" a tus objetivos personales y a tus prioridades.

Lo "mágico" de este principio es que no necesitas esperar estar motivado para buscar entusiasmar a otras personas. Sólo debes tener presente:

1. Por qué esa persona es importante para ti y para tu vida. Al recordarlo te conectas positivamente con tus valores y motivos, y aún más al ocuparte de ella.

2. Si no las conoces no importa. Cuando buscas motivar a desconocidos, independientemente de cómo ellos reaccionen, siempre te conecta con "la parte medio llena de tu vaso" de objetivos y prioridades.

3. Es el mejor gimnasio para tu espíritu. Es 100% a tu medida. No debes trasladarte hasta un lugar especial para hacer el ejercicio. Es gratuito. ¿Qué más quieres?

Advertencia: Cuando en este caso hablo de motivar a otros no quiere decir que debas darle un curso o una conferencia sobre la importancia de la motivación personal. No me estoy refiriendo a eso.

¿Recuerdas la "ampolleta de motivación" más poderosa de la que te hablé en el capítulo anterior? Esa ampolleta sirve para líderes y organizaciones, y también para cualquier persona que le interese cultivar su propia motivación.

Para motivar a otras personas, conocidas o no, ocúpate cotidianamente de:

- Hacerles sentir que las respetas.

- Hacerles saber que tienes uno o muchos motivos para apreciar quienes son y lo que hacen.

- Reconocerles explícitamente sus aportes en tu vida, aunque parezcan pequeños.

- Agradecerles los sentimientos positivos que sus actos te generan.

Si haces esto, aunque sea un poco todos los días, terminarás con tu propia "planta nuclear" de automotivación, alimentada por el círculo virtuoso que producirá el aprecio de los otros hacia ti.

> *"La vida no es sino una continua sucesión de oportunidades para sobrevivir."*

Gabriel García Márquez
http://bit.ly/bKeTl7

Lecturas

Libros para estimular tu reflexión sobre tus oportunidades
y los paradigmas de la motivación personal:

BARKER, Joel. *Paradigmas: El negocio de descubrir el futuro.*
Bogotá: McGraw-Hill Interamericana, 1995. ISBN: 9586003361.

ROJAS MARCOS, Luis. *La fuerza del optimismo.*
Bogotá: Aguilar, 2005. ISBN: 9587043480.

GLADWELL, Maolcolm. *Los fuera de serie.* Madrid: Taurus, 2009.
ISBN: 9870412378.

TZU, Su. *El arte de la guerra.* Madrid: Editorial Edaf, 2009.
ISBN: 8441409846.

CANFIELD, Jack; HANSEN, Mark; HEWITT, Les. *El poder de
mantenerse enfocado.* Florida: HCI Español, 2004.
ISBN: 0757302300.

HEWARD, Lyn. *La magia: Una historia sobre el poder de la creatividad
y la imaginación.* Barcelona: Ediciones Urano, 2006.
ISBN: 8495787997.

MICHALKO, Michael. *Thinkertoys: como desarrollar la creatividad
de la empresa.* Barcelona: Gestión 2000, 2001. ISBN: 8480885998.

DE BONO, Edward. *Manual de la sabiduría.* Barcelona: Paidós
Ibérica, 1998. ISBN: 8449305128.

SEIDMAN, Dov. *How: why how we do anything means everything...
in business (and in life)*. New Jersey: John Wiley & Sons, 2007.
ISBN: 0471751227.

RATEY, John; HAGERMAN, Eric. *Spark: the revolutionary science
of excercise and the brain*. New York: Little, Brown and Company,
2008. ISBN: 0316113506.

MAUBOUSSIN, Michael. *Think twice: harnessing the power
of counterintuition*. Boston: Harvard Business Press, 2009.
ISBN: 1422176754.

MEDINA, John. *Brain rules*. Seattle: Pear Press, 2008.
ISBN: 0979777747

SELK, Jason. *10-Minute toughness: the mental training program
for winning before the game begins*. U.S.A: McGraw-Hill, 2008.
ISBN: 0071600639.

Sobre el autor

Juan Carlos Jiménez comenzó su experiencia profesional en 1978, como diseñador gráfico y director de arte en empresas editoriales, medios de comunicación impresos, estudios de diseño y agencias de publicidad.

En 1990 fundó Cograf Comunicaciones, en donde se dedica al diseño y ejecución de proyectos de identidad de marcas, imagen corporativa, mercadeo y ventas, atención al cliente, negocios en Internet y planificación estratégica.

También desarrolla programas corporativos de entrenamiento gerencial, dirigidos a promover cultura de atención y servicio al cliente y formación de equipos de trabajo de alto desempeño, basados en valores de excelencia personal y profesional.

Autor de los libros "Negocios.com", 2000; "Mercadeo.com", 2006; "El e-mail en el trabajo", y "El valor de los valores en las organizaciones", 2008.

Co-autor de publicaciones especiales sobre atención y servicio al cliente: "El arte supremo de la atención al cliente", "Atiéndame bien" y "Trabajar y disfrutar en equipo".

Ha sido profesor invitado del IESA y de diversas universidades venezolanas en temas de mercadeo y comunicaciones estratégicas.

Ha compartido sus ideas sobre motivación personal con decenas e miles de personas en talleres, conferencias y eventos corporativos en toda Venezuela.

Email: jucar@cograf.com • twitter@jucarjim

Otras publicaciones de Cograf Comunicaciones

**El valor de los valores
en las organizaciones.**
Autor: Juan Carlos Jiménez
2da Edición: Junio 2010
ISBN: 978-980-12-3474-6

El e-mail en el trabajo.
Manual de Supervivencia.
Soluciones y Consejos.
Autor: Juan Carlos Jiménez
ISBN: 978-980-12-3071-7

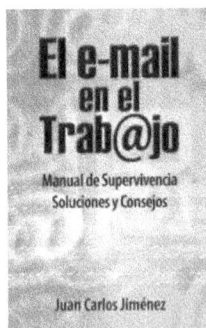

Mercadeo.com.
Apuntes prácticos sobre
imagen, mercadeo y ventas
para empresarios y gerentes.
Autor: Juan Carlos Jiménez
2da Edición: Septiembre 2007
ISBN: 980-12-2059-7

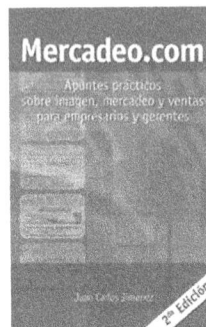

www.libroscograf.com

En **Cograf Comunicaciones** ofrecemos asesorías y entrenamientos para ayudar a formar equipos de alto desempeño.

Brindamos apoyo a las organizaciones para que promuevan internamente valores relacionados con la responsabilidad individual, la excelencia personal, la atención y el servicio al cliente, el entrenamiento continuo, la comunicación interpersonal, la visión de futuro y la gerencia del cambio.

Nos aproximamos a estos temas desde una perspectiva de mercadeo interno, orientada hacia resultados. Y para lograrlos, combinamos nuestra experticia en diferentes disciplinas de la comunicación social a las que nos dedicamos desde 1990.

Formatos de nuestra asesoría: Conferencias, seminarios, talleres, programas de entrenamiento, coaching gerencial, eventos corporativos y reuniones especiales.

Si usted desea contratar nuestros servicios, contáctenos:
Cograf Comunicaciones, Av. Fco. de Miranda con Av. Ppal. de Los Ruices, Centro Empresarial Miranda, Piso 1, Ofic 1K, Los Ruices, Caracas 1070, Venezuela. Telf.: (+58 212) 239-5864 / 237-9702
E-mail: jucar@cograf.com
www.cograf.com
www.cursoscograf.com

Así mismo, comuníquese con nosotros si desea adquirir ejemplares adicionales de este libro para distribuirlos en su empresa o entre amigos y colegas, le ofrecemos descuentos dependiendo de la cantidad de ejemplares que necesite.

También hacemos ediciones especiales de nuestros libros de bolsillo, en el que incluimos el logotipo de su empresa en la portada y la introducción del libro puede ser un mensaje especial de su organización, firmado por su Presidente.

www.cograf.com

www.cursoscograf.com

www.libroscograf.com

www.internetips.com

www.folletoweb.com

cograf.wordpress.com

twitter.com/cograf